A GEORDIE LIFE OF JESUS

by Andrew Elliott

ISBN 0 85983 031 4

© 1974

Published by Frank Graham, 6 Queen's Terrace, Newcastle upon Tyne NE2 2PL
Printed by J. & P. Bealls Ltd., Gallowgate, Newcastle upon Tyne NE1 4SA

BIRTH OF JESUS

Ye aal knaa whaat a Census is. One day a queshton pyeppor cums throo the door with a stamped addressed envelope. "Fill in the nyems iv the folk in yor hoose and retorn it te the Toon Haall by sich a date", it sez. Weeks lator sumbody caals te axe why ye hevvent sent it.

Ye mite think it's a bit iv Guvvinment reed tape but it issent. Aad Caesar did the syem kind iv thing in his Empire two thoosand yeors ago, ownly it wez different. Nee forms te fill in then – ivvorybody hed te pack eez bags and gan back tiv eez borth place. Whaat an upheaval! Nee wundor the' jist did it ivvory fowerteen yeors.

Noo that's whaat Joseph and Mary got kopt up in when the' hed te travel eighty miles from Nazareth te Bethlehem (aboot as far as from Durham te Berwick). Nee buses, trains or motors in them days ye knaa – not even a tandem. The' hed te waalk!

Wey Joseph hed te waalk, but Mary got a lift on a cuddy. Jist as weel, cos she wez expectin' onny time.

Baa gox, wornt the' glad te git te Bethlehem. Mary wez aal in, riddy for a rest, but thor wez nee chance iv that. Ivvory winda hed the syem notice – "Nee vacancies". In desparation the' went te the local pub, but even the landlord hed nee time for them.

"Forst cum, forst sarved", he sez and off he went.

It tyeks a woman te see past munny te people at a time like this and that's wheor the landlord's wife cums in.

"Cum throo intiv the back, hinny", she sez. "Thor's a shed ootside. Nowt glamorous mind but thor'll be a roof ower yor heed and it's warm. The animals see te that".

And that's wheor it aal started. Mary hed hor bairn, wrapped him up in a shaal and used a feedin' trough for a cradle. The breeth iv the animals kept him warm – mair than men wor concarned te dee. And the funny thing is this. . . when the bairn cried, she diddent say,

"Is it a boy?" She knaad, cos God hed tell't hor. God had tell't Joseph
an aal which wez jist as weel!

"When Mary hes hor bairn", he sez te Joseph. "Divvent blame
hor – she's helpin Me. And one thing aa want ye te dee – caal him
Jesus (Saviour) – cos that's eez job".

LUKE 2: 1-7.

BAPTISM OF JESUS

John the Baptist wez a hippy. Wey that's whaat the' wad caal him noo.
Not that he tyeuk drugs or nowt like that. He nivvor see much as hed
a glass iv beor in eez life, but he dressed queor. Nee Monty Borton
suit for him. Jist a hairy shart like Elijah and locusts and wild honey
te eat – a kind iv breed and waator diet. Ye see, as far as he wez con-
carned Society wez rotten and he waanted nee part iv it. He even left
hyem and went te live by hissel in the desort.

Keepin tiv hissel as he did ye mite think he cared for neebody
else. He cared aalreet. He cared see much he set up heedquaators on
the Rivor Jordan and becyem a preachor. Mind, whaat he hed te say
wez mair a threat than a promise.

"God's cummin te rule", he sez. "Git riddy, Cos if ye divvent
yor for it!"

The' diddent tyek kindly tiv him at forst cos they went te Chorch
and he diddent. That cut nee ice wi' John.

He said, "Gittin riddy for God's mair than gannin te Chorch on
Sunda. It's deein whaat God wants ye te dee ivvory day, and thor's
little sign iv that. And it's nee use blamin the Guvvinment – theor not
Society, ye are! As lang as munny cums afore people, it's yor faalt. As

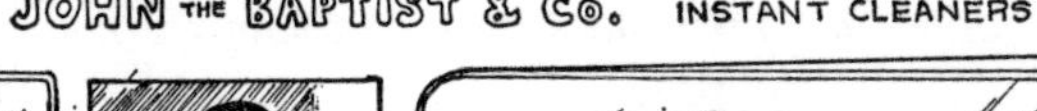

3

lang as the scramble for high wages horts the aad folk, it's yor faalt. Yor Society, and Society winnet be reet till yor reet".

The' got the point and te show the' waanted te mek a clean start the' let John dip them in the waator as a sign that the past wez weshed away.

Noo for a lang time the Jews hed been expectin a Saviour – the' caaled him Messiah, and the' began te wundor if it wez John.

"Wey no, not me", he sez. "Aa can help ye te mek resolooshuns but aa cannot help ye te keep them. Aa can wesh the ootside iv yor bodies but aa cannot wesh the inside. Noo when he cums, the one ye caal Messiah, he'll dee ivvorthin aa cannot dee".

Noo one evenin when John wez sittin hevvin eez bait eftor a hard day's weshin, Jesus cums.

"Wesh me in the rivor", he sez te John.

John lyeuked intiv eez eyes – he knaad!

"Ye divvent need te be weshed", he sez. "Yor clean. Ye wesh me – that's mair like it".

"John", sez Jesus. "Aa want te be weshed".

Ye see, Jesus is Saviour, and ye cannot save neebody by standin lyeukin at them. Ye hev te git doon beside them.

That's whaat Jesus did in the Rivor Jordan.

LUKE 3: 1-23.

TEMPTATION OF JESUS

Sum folk say thor's nee sich bloke as the Divil. Aal aa can say is he meks an aaful lot iv fuss for sumbody that issent theor.

Jesus foond that oot eftor eez baptism in the River Jordan. God hed caaled him eez Son and given him a job te dee – mekkin a Kingdom.

If eez heed wez in a whorl eftor that, it's not surprisin, and thor's ownly one thing te dee at a time like that – gan sumwheor quiet and hev a gud think.

Jesus myed eez way te the desort, the syem one as John hed spent eez time in. Mebbies John hed tell't him it wez a nice quiet place for a hallida.

Noo it issent hard te git away from sum folk, but three folk ye can nivvor git away from – God, yorsel and the Divil, and the Divil nivvor misses eez chance.

For fowerty days and neets Jesus jist sat, and eftor that he began te feel a bit peckish.

Up cums the Divil. "Yor a fine'n", he sez. "Ye sit theor kiddin yorsel yor God's Son and ye cannot see much as mek a bit iv breed oot iv a stone".

"Mebbies aa can, and mebbies aa cannot", sez Jesus. "But thor's one thing aa knaa as weel as ye – fillin men's bellies winnit solve aal thor problems".

That wez one in the eye for aad Nick, but he cums back like a booncin baall.

"Nee doot ye think yor clivvor", he sez. "But ye'll need te be a lot clivvoror than that afore yor dyeun. Ye mite think yor God's Son, but neebody else will – not withoot ye dee summit speshul like jumpin

4

off Durham Cathedral withoot a parachute. Dee summit like that
and thor boond te tyek notice".

"Gud try", sez Jesus. "But it winnit work. Ye see aa divvint
think aa's God's Son – aa knaa! And summit else aa knaa – a five day
wundor like jumpin off the Cathedral'll dee neebody any gud. The'd
syeun forget".

The Divil left him te stew for a bit. Jesus lyeuked oot ower the
hills. Aal the Empires that ivvor wor hed touched eez little land.
Egypt and Assyria and Babylon and Persia and Greece and Rome –
the'd aal trampled on little Israel.

Aad Nick wez back. "Can ye think iv a bettor way iv winnin
support than using yor pooer te becum a grand Emperor? The'd hev
te tyek notice then".

"Aa waddent want them te tyek notice then", sez Jesus. "Onny
mair than aa'm gannin te tyek notice iv ye noo. Thor's ownly one
King – that's God! And aa've got nowt mair te say te ye except this
– hoppit!" He did.

LUKE 4: 1-23.

RECRUITS

Mekkin a Kingdom's a pretty big job - speshully a Kingdom for God
cos He's varry particlar. Jesus knaad this. He cuddent possibly dee it
aal by hissel so one day he sets oot te find sum likely lads te help him.

He wez waalking alang the sands when he sees a couple iv blokes
plodgin aboot in the waator. Andrew and Simon wor tyekin torns
whorlin a net roond thor heed and hoyin it oot te catch fish. The' wornt
deein varry weel neithor. As a matter iv fact the' wad iv been bettor
off usin a piece iv string, a pin and a winkle off Sooth Shields pier.

Jesus stud waatchin for a bit, then he sez, "Aa wad pack it in if
aa wez ye, lads. Why not cum wi me and aa'll show ye hoo te catch
men".

"Are ye kiddin?" sez Simon.

"No", sez Jesus. "Aa mean it. Cum wi me and aa'll show ye hoo
te fish for men".

The' cud see he did mean it, so the' dumped thor net, put thor
byeuts on and went with him.

The' heddent gyen far when the' saaw a boat pulled up on the
shore.

"Just lyeuk whaat the tide's browt in, aad Zeb and Co.", sez
Simon. "And by the lyeuks iv things thor nee bettor off than us".

Noo Zebedee hed fished off that coast aal eez life, and eez two
lads James and John hed joined him when the' left schyeul. A blint
cuddy cud see nowt hed gyen reet with them that day.

The lads wor sittin mendin nets. Natterin aad Zeb wez tellin them
the' wor deein it all wrang, and things wor different when he wez a lad.
John blamed James and James blamed John. Folks nick-named them
"Sons iv Thundor" and te listen te them it wezzent sorprisin.

Jesus waalks up. "Whaat fettle?" he sez.

"Whaat fettle yorsel?" sez John. "Hoo wad ye like te spend yor
time tying holes togithor wi little bits iv string?"

5

"Ye can say that agyen", sez James agreein with eez brother for once. "It's warse than mekkin a proggy mat for wor Bella".

"Then why waste yor time?" sez Jesus. "Why not cum wi me?"

"Why not?" sez John. "Owt's bettor than this". So the' dooned thor nets, lowped oot iv the boat and went with him.

If thor wor time aa cud tell ye aboot the uthors that joined him like Philip and Matthew and Thomas. Thor wor twelve iv them aaltogithor, and by the way – the' aal cyem from the North except one – Judas – and ye knaa whaat happened te him.

Noo ye mite say, "Aa thowt he needed help te mek a Kingdom – a fat lot iv gud that lot wad be".

Aa thowt the syem mesell till aa foond this oot – when Jesus wants onnybody te help him, he duzzent say, "Are ye clivvor enyeugh? Are ye gud enyeugh?" he sez, "De ye care enyeugh?"

If ye can say, "Ay!" te that – yor in.

Ye see "disciple" means "larner", and follerin him thor's an aaful lot te larn.

MARK 1: 16-20.

THE KINGDOM OF GOD

The Kingdom and Money

"Ivvorybody hez eez price", a clivvor bloke once said. Aa divvent knaa aboot that, but aa knaa this – munny taalks! If ye hev enyeugh munny ye can buy yor way intiv varnigh owt – wi one excepshun – the "Kingdom iv God".

One day a young whipporsnapper that hed been born with a silver spyeun in eez gob cyem te Jesus. He'd nivvor dyeun a day's work in eez life, but he hed shares in aal the factories roond aboot and thowt it wez time he hed shares in the Kingdom.

"My gud man", he sez, aal posh. "Whaat can aa dee te hev shares in this Kingdom iv yors?"

"Less iv the gud man", sez Jesus. "Flattory'll git ye neewheor . . . Ivvor hord iv the Commandments?"

"Hord iv them? Aa've kept them!"

"Gud for ye", sez Jesus. "If ye've kept them thor's jist one thing mair ye need te dee. Ye hev an aaful lot iv proporty and a gud bank balance, hevvent ye?"

"Rathor!" sez the bloke, feelin in eez pocket for eez cheque byeuk.

"Wey sell yor proporty; draaw aal yor munny oot and give it te the poor folk. Then join me and the lads hear, and the Kingdom's yors".

Eez gob fell open like a cod fish on a slab. . . . "B. .B. .But. . ." he stammors.

"Nee buts aboot it", sez Jesus. "Ye axed is whaat ye hev te dee and aa've tell't ye. Tyek it or leave it". He left it!

Noo Jesus wez sorry cos he liked the lad. He torns tiv eez disciples. "It's easior te drive a steam rowllor up Grey's Moneement, than for a rich bloke te git intiv the Kingdom iv God", he sez.

"Wey if rich folk like him cannot git in, whaat chance hev poor folk like us?" sez Simon (the' caaled him Peter noo).

6

"Divvent ye worry yor heed aboot that", sez Jesus. "It issent a queshton iv hoo much ye hev, but iv hoo much yor riddy te give up. The trouble wi rich folks is the' hev mair te give up, so it's hardor for them. Ye knaa whaat the' say 'The mair ye hev; the mair ye waant".

MARK 10: 17-25.

The Kingdom and Children

Jesus wez a likeable fella. He must iv been cos the bairns wor fond iv him and ye cannot kid bairns. They knaa whee likes them and whee duzzent.

Thor wez a time at the close iv a heavy day when sum bairns wor browt te Jesus by thor muthors.

"Jesus, tell us a story", the' shooted. Bairns aalwis like stories and byeuks wor hard te cum by in them days.

"Touch the bairns and bring them luck", the muthors shooted. Jesus wez varnigh swamped wi the lot iv them.

Wey ye knaa hoo it is when ye sit back in yor chair for fowerty winks and the bairns cum swarmin aal ower ye – it's enyeugh te mek a parson swear!

"Stop mekkin see much noise and had yorsells away hyem", shoots Peter. "The mastor's heed's fair splittin".

"And as for ye", he sez te the muthors. "Ye owt te hev mair sense. Nee wundor the bairns is badly behaved when the' see ye".

Noo Peter meant weel but sumhoo whenivvor he opened eez gob he put eez fut in it – speshully when he tried te be helpful.

"Leave the bairns be!" sez Jesus. "Thor deein nee harm. If ye hev nee time for bairns ye hev nee time for God, cos God's Kingdom's myed up iv bairns like that. Aa tell ye this – if ye want te git intiv the Kingdom ye hev te be like a bairn yorsell. Bairn's hev got nowt te give but thor luv and thor aalwis riddy te receive".

Ye knaa, that's one thing that's aalwis stuck in the crop iv clivvor folk. The've nivvor been able te see the difference between bein "child-like" and bein "childish", and until that lesson's larned neebody hez a chance iv gittin intiv the Kingdom.

MARK 10: 13-16

The Kingdom and Goodness

Thor've aalwis been them that thowt the' wor bettor than uthor folk, but for that the Pharisees tyek the biscuit.

For them the way intiv the Kingdom wez deein gud and deein gud wez mair than gannin te Chorch on Sunda and puttin a tannor in the collection. It wez keepin thoosands iv tiny little rules ivvory day. Ye cuddent think iv nowt withoot a rule bein joined tiv it. In fact thor wor see monny rules that keepin them wez a full-time job. That meant the workin man diddent stand a chance.

Noo ye can imagine whaat Jesus thowt aboot that, him and eez mates being workin men thorsells.

One day a Pharisee caaled Simon invited him tiv a party. Noo in them days parties wor ootside barbecue affairs and onnybody cud waalk in. Jesus hed jist finished eez soop when a prostitute cums in and waalks strite up tiv him. She tried te speak but she bust oot bubblin. Hor tears fell on eez feet and she dried them with hor lang hair and kissed them.

7

Ye shud iv seen the lyeuk on Simon's fyess. "Aha – aa thowt see – bord's iv a feather – sum prophet he is!"

Jesus knew whaat he wez thinkin so he torns te Simon.

"Ye can sit theor aal high and mighty and lyeuk doon yor nose at this lass", he sez. "But thor's a lot ye can larn from hor. When aa cyem intiv this hoose ye nivvor see much as said ye wor glad te see 'is; this lass wez see glad she kissed me feet. When aa cyem in ye nivvor see much as browt 'is a pair iv slippors; this lass bathed me feet with hor tears and dried them with hor hair. In short Simon, this lass with aal hor faalts hez the one thing ye hevvent got – luv! Aal yor so-caaled gudness means nowt te God if ye hevvent got luv".

"The trouble wi ye Pharisees", he said lator. "Is yor aal show. Ye think people'll think mair iv ye if ye duck yor heed doon for five minutes insteed iv one when ye gan intiv Chorch. Ye like te sit in the best seats so folk'll tyek notice, like lasses showin thor new hats off in the chepal choir. Ye think ye dee God a favour when ye rattle the collection plate with a bob insteed iv a tannor. Noo aa's not sayin thor's nowt wrang in gannin te Chorch, and sayin yor prayers and payin yor collection; whaat aa dee say is this. If ye think that's aal ye hev te dee te git intiv God's Kingdom, ye hev anuthor think cummin. It issent whaat ye dee; it's whaat ye are that coonts!"

LUKE 7: 36-50.

Never Too Late

Me granny used te say aboot me granda, "He squeezed aal the juice oot iv the orange and giv the peel te the Lord".

Aa hed a sneakin feelin even as a lad that the Lord wez glad te hev it – and aa wez reet!

Jesus tell't a story aboot that. In them day's thor wez nee dole and if ye waanted a job ye jist hung aboot till ye got one. Whaat's mair thor wez nee Trade Union te fix hoors and pay and owertime. Ye jist hed te tyek pot luck.

Noo one day a farmor went oot at six o'clock in the mornin. "Waant a job?" he sez te sum blokes at the corner end.

"Hoo much?" the' axed.

"A pund a day", he sez, and the' wor glad te tyek it.

Aboot nine o'clock he gans oot agyen and finds sum mair.

"Waant a job?" he sez.

"Ay, but hoo much?" the' said.

"Aa'll pay ye whaat yor worth", he sez. It wez a bit risky but the' tyeuk it.

In the eftornyeun he gans oot agyen and the syem thing happens.

He gans oot agyen at five and thor wor still a couple iv blokes sittin on thor hunkors at the corner end.

"Divvent ye want te work?" he sez.

"Ay, but chance wad be a fine thing!"

"Yor chance hez cum", sez the farmer. "In ye gan".

The' diddent even bothor te axe aboot munny – owt wez bettor than nowt.

At the end iv the day he started te hand oot the pay beginnin wi the five o'clock men. Each one got a full day's pay – a pund. Thor eyes popped oot like chorch hat pegs and the' skeedaddled afore he foond eez mistyek. He paid the syem te the three o'clock and nine o'clock shifts.

Then cyem the lads that hed clocked in at six in the mornin. The' wor quids in! The' wor sure te git a bonus – but nee sich luck. Each one got – a pund!

If thor'd been shop stewards in them days the farmer wad've hed a strike on eez hands.

"It issent fair", the' shooted. "We've worked aal day and we've jist got the syem as the one hoor lads".

"Aa divvent knaa whaat yor grumblin aboot", sez the farmor. "Ye agreed te work for a pund and ye've got a pund. If aa want te give uthors the syem, whaat business is it iv yors?"

Noo the Kingdom iv God's like that. It's aal or nowt. When yor in yor in; when yor oot yor oot; and it's nivvor too late te cum in.

MATTHEW 20: 1-16.

What the Kingdom is

If ye divvent hev te be rich or clivvor or speshully gud, and if it's nivvor too late te git in, God's Kingdom must be a queor affair. That's whaat the Jews thowt when the' listened te Jesus. Ye see, they wor God's chowsen people and even if the' wor scattored aboot the world the' wor quite sure God wez gannin te send a Deliveror. As aa say, the' caaled him Messiah, and thowt that when he cyem he wad kick oot the Roman Emporor and aal he stud for, set up eez throne in Jerusalem, and rule God's Kingdom aal ower the world.

"It's nowt like that", sez Jesus. "God's Kingdom issent ootside, it's inside. It issent cummin sum day, it's heor noo. When onnybody lets God rule eez life, the Kingdom cums, and ye can tell it's cum cos evil's conquored".

He giv eez disciples a speshul prayer aboot the Kingdom so the' waddent be led astray.

It gans summit like this. . .

God ye live in a big hoose, but yor still wor Fethor and we waant te please ye.

Pleasing ye meks ivvorybody happy and that's whaat we waant for the whole wide world.

Till that time cums giv wu enyeugh breed te eat each day, and help wu te treat ivvorybody as we waant te be treated by ye, and keep wu on a strite path.

We axe yor help in this cos we cannot manage by worsells.

Ye've got te show wu whaat ye waant, and help wu te dee it, if wor ivvor te share the glory.

Help wu nivvor, nivvor te forget this. . . Amen.

MATTHEW 6: 9-13.

THE SCOPE OF THE KINGDOM

Zaccheus

We grumble aboot taxes in these days but thor nowt te whaat the Jews hed te pay in the time iv Jesus. Thor wez Road Tax, Hoose Tax, Meat Tax, Salt Tax – even Waator Tax. And te myek mattors warse the munny wez paid te forrinors cos the Romans wor in charge in them days. As long as the Romans got thor cut, the tax men cud keep aal the' collected. It'll cum as nee sorprise that Jewish tax collectors wor the best hated lot in the country. The' wor warse than traitors!

Noo the branch managor at Jericho wez a bloke caaled Zaccheus. He wez a little weed iv a fella; lyeuked as if he'd slipped through eez troosers. Neebody liked him. But lyeuks divvent tell ye ivvorythin, and the fact that he hed plenty iv munny diddent mean he wez happy. As a mattor iv fact he wez far from happy in eez work, and when he hord that one iv eez marras – aad munny bags Matthew – hed packed it in and myed a fresh start wi Jesus, he began te wundor if thor wez a chance for him.

He haddent lang te wait! One day word cyem that Jesus wez on eez way te Jericho. If aa can ownly git in touch wi Matthew, he might put in a word for 'is, thowt Zak. Thor wez nee chance iv that. When Jesus arrived the crood wez see big he cuddent even see Matthew, let alown speak tiv him.

He runs ahead te climb a tree.

"Givvis a bunk up", he sez te sum lads undor the tree, and settles hissel doon in the branches.

"Ye faall oot iv that tree and ye'll give yorsell an aaful twist", sumbody shoots.

"Him give hissel a twist?" shoots anuthor. "That'll be the day. He's see twisted aalriddy he hez te screw eez byeuts on ivvory mornin".

Let them aal laugh; Zaccheus diddent care. He ownly hed eyes for Jesus.

The crood wez draawin near noo. . . . That wez Jesus in the middle and Matthew jist ahint and sum mair iv eez mates.

Jesus stops and lyeuks up. "Zaccheus", he shoots. "Whaat are ye deein up theor? Howay doon and myek 'is a cup iv tea, me tongue's fair clemmin te me mooth".

He cyem doon aalreet – see fast he varnigh left eez breeches on a branch.

He tyeuk Jesus intiv eez hyem and sat him doon on the best chair while eez missus myed a cup iv tea and a drop scone.

Zak wez see excited he diddent knaa whaat te say. He wez like a bairn openin eez parcels on Christmas mornin.

"Jesus", he sez "Aa knaa aa hevvent been as gud as aa shud hev been, but from today aa's tornin ower a new leaf. Ivvory day aa've lived for munny but aa's finished wi that. Aa's givvin half te Oxfam and onnybody aa've diddled can hev fower times as much back!"

Jesus smiled. "God's at hyem heor", he sez. "This man's in God's family. Thor's nee doot aboot that".

Jesus wez glad, ye see, cos withoot even bein axed, Zak wez riddy te dee whaat the rich young whippersnappor waddent dee – part with eez munny.

Noo the crood ootside diddent like this one little bit – speshully the respectable folk.

"Why cuddent he pop intiv the vicarage for a cup iv tea insteed iv that hoose?" the' said.

"Aa knaa whaat yor thinkin", sez Jesus. "But remembor whaat the bible sez – 'I will seek the lost'. Noo a thing's lost if it's shifted from the reet place and put in the wrang place. That's true iv people as weel as things. The reet place for people's in God's Kingdom. Zaccheus is in theor noo. That's wheor he shud be".

LUKE 19: 1-10.

Samaritan Woman

We heor a lot aboot race relations these days. In fact thor jist aboot the biggest stumblin block thor is te hevvin the kind iv world decent folk waant – but thor nowt new. People hev aalwis built barriers agyen each uthor and thor wez nyen biggor than that between Jews and Samaritans. The Jews wor concarned te presarve thor faith and keep thor race pure. Te them the Samaritans wor a lot iv mongrels, the result iv mixed marriages way back in Aad Testament times. Cum te think iv it, the' wor a bit like us in Britain today – fifty-seven varieties!

Noo one day Jesus decided te tyek a short cut throo Samaria te git back te Galilee. It wez a het day and eftor a lang waalk he arrived at a well. Eez marras went off intiv a village te buy summit te eat. Jesus wez mair concarned wi summit te drink. The well wez cool and deep. Eez throat wez dry.

As he sat theor a Samaritan lass waalks up carryin a jug.

"Ay, ay", thinks Jesus. "Thor's a rabbit off heor. Neebody cums oot in the midday sun withoot summit te hide".

Bairns these days is tell't nivvor te taalk te strangers – speshully if thor lasses. Thor wez nee need for that in them days; a man waddent lyeuk at a lass on the street, let alown speak. It wezzent dyeun.

She cums te the well, puts hor jug doon and wez jist aboot te draaw sum waator when she gits the shock iv hor life.

11

"Aa wundor if ye cud spare 'is a moothful iv waator?" sez Jesus.

She varnigh jumps oot iv hor skin. Whaat a narve! A stranger speakin te hor! It wez unhord of – unbelievable!

She flushes up, tyeks a deep breeth, swallies hard and sez, "How dare you speak te me. You – a Jew! And waantin summit as weel! How dare you?"

"If ye knaad whee a really is", sez Jesus. "Ye wad change yor tune. Aa waddent be axin ye, ye wad be axin me – and aa waddent refuse. Aa wad give ye waator aalreet – real waator, living waator – not this stuff ye pull oot iv the well".

"And wheor de ye think yor ganna git it?" she sez. "Jacob giv wu this well, wheor's yors?"

"Ye drink this waator", sez Jesus. "And ye'll be thorsty agyen. Drink the waator that aa can give and yor thorst's at an end. It'll bring spring te yor heart. Ye'll live forivvor".

"Aa'll settle for that", sez the woman. "Aa's sick and tired iv traipsin heor day in and day oot. Aa've hed enyeugh".

She'd got quite chatty by this time so Jesus sez, "Aa'd like te meet the rest iv yor family; is yor hubby at hyem?"

She lyeuks at him, brazen as brass. "Aa hevvent got a husband", she sez – tryin te kid him she wez a widow.

"Aa knaa that", sez Jesus. "And aa knaa summit else. Ye hevvent got a husband, but ye hev a man, and whaat's mair, ye hed five men afore this one". She cuddent diddle Jesus with a weddin ring!

The Samaritan woman wez flabborgasted! Hoo cud he possibly knaa that? Thor wez jist one explanation – "Ye must be a prophet", she sez.

Things wor gittin a bit too warm for hor noo, so she starts puttin up the aad Jew/Samaritan barrier agyen and taalks aboot religion. It's funny hoo folk think the' hev te taalk aboot religion when the' meet a parson!

"Ye Jews say the ownly place ye can worship God proporly is in Jerusalem, but yor wrang. Aa knaa that for a fact cos me fethor and me grandfethor afore him worshipped God heor on this moontain. Noo hoo de ye mek that oot?"

"That's easy", sez Jesus. "Ye see God is Spirit. Spirit is ivvorywheor. That means God is ivvorywheor, so ye can worship Him ivvorywheor. Worship issent summit ye can pin doon tiv a moontain, a chorch or onnywheor else. Worship tyeks place in yor heart and shows itsell in yor life. Noo that's the ownly kind iv worship God's interested in".

The woman giv up. She wez oot iv hor depth noo – and nee wundor.

"Oh weel", she sez. "Aa suppose Messiah'll explain it aal when he cums".

"Yor taalkin tiv him noo", sez Jesus.

Ye cud hev knocked hor doon with a feathor. She drops hor jug, picks up hor skorts, runs te the village and caals oot hor nybors.

"Aa've foond him", she sez. "Aa've foond Messiah. Cum and see him. Cum and see! !"

The' thowt she'd gyen stark, ravin mad, but the' worn't ganna miss nowt so the' cyem with hor – and foond Jesus.

By this time the disciples wor back. The' wor staggored.

Wez he oot iv eez mind – taalkin tiv a woman like that – a Samaritan woman intiv the bargain?

But aa tell't ye afore – "disciple" means "larnor" and thor's an aaful lot te larn. The' larned summit that day aalreet. . . . Thor are nee barriers in God's Kingdom. God's Kingdom's open te ivvorybody. Neebody's left oot!

JOHN 4: 1-42.

PRESENCE OF THE KINGDOM
The Lunatic

When aa wez a lad aa nivvor fancied waalkin up the cimitary bank. It wez bad enyeugh in dayleet but at neet thor wez one spot wheor the leet from a street lamp landed on a cross and it lyeuked for aal the world like Marley's ghost. Aa syeun got past theor, aa can tell ye.

It wez warse in Jesus' time. Nee flooers and tomb stones then – jist holes dug in desolate rocks in sum God forsaken place ootside a toon or village.

Noo one day Jesus hed had a speshully busy time. He'd taalked see much eez throat wez as dry as sand pyeppor, but the croods waddent leave him. Thor wez nowt for it but te jump intiv a boat and cross ower te t'uthor side iv the lake. At least thor'd be a chance iv a bit iv peace and quiet theor.

He wez see tired he dropped off in the boat, but not for lang. The disciples wekened him up cos thor wez a tarrific storm. It wez see bad even Simon Peter the fishorman wez varnigh frightened oot iv eez pants.

Baa gox, worn't the' glad te git te land. It wez varnigh dark noo.

"Wheor on orth are wu?" sez Peter as the' stepped oot iv the boat. "This is sum place; it's as quiet as a graveyard".

"Aa've got news for ye, Peter", sez Andrew. "It is a graveyard!"

Peter giv a shuddor but if ye really waant peace thor's nee bettor place than in a cimitary.

The' myed a fire, hed a bite te eat and wor jist settlin doon for the neet when the' hord a howl like a banshee. Oot iv the dark cyem a greet big bloke wi lang hair, wild eyes and nowt on – a lunatic.

Noo in these days he wad iv been put in a mental home or given tranquillisors. Thor wez nowt like that in them days.

The'd tried te handcuff him at hyem but he smashed the chine. The' locked him up but he smashed the door doon. He jist cuddent stand folk and the cimitary wez the ownly place iv escape – and woe betide onnybody that tried te distorb him.

If the disciples wor scared by the storm, the' wor petrified noo – but Jesus kept calm.

"Whaat's yor nyem, friend?" he sez.

"Me nyem's Reg", the lunatic replies. "Thor's a whole regiment inside iv 'is".

Jesus diddent need aad Freud te tell him whaat wez wrang wi this lad. "Regiment" meant "Sowljors". Roman sowljors worn't aalwis

13

particlar the way the' put doon troubles. Heor wez a lad that hed seen butchory as a bairn and it hed driven him oot iv eez mind. The divils that hed been in the sowljors hed cum intiv him – he wez sure iv that. He wez mad!

This wez a hard nut te crack and Jesus knew it.

"Cum oot", he sez te the divils. "Cum oot and leave the lad in peace". It myed nee difference.

This lad wez convinced he cud nivvor git rid iv the divils till the' foond a hyem sumwheor else.

"Whaat aboot them pigs?" he sez, pointin tiv a hord iv pigs nearby.

"Why not?" sez Jesus tryin te humor him.

"Hallelujah!" he shoots like a rantor at a revival meetin. "Hallelujah!" He dashes amang the pigs, "Hallelujah! Hallelujah!" He scares the life oot iv them and nee wundor. Off the' rush, panic-stricken intiv the darkness – and splash! Ower the cliff and intiv the sea the' gan.

A relief for the lunatic? Aye – but whaat a waste iv pork.

MARK 5: 1-20.

The Paralytic

Jesus worked see hard thor wor times when even he needed a hallida, that's why eftor one iv eez preachin tours he cyem back te Capornaum. He hed gud digs theor wi Simon Peter's muthor-in-laaw. She sumtimes thowt Simon wez a bit iv a wastor and wad hev been bettor off supportin eez wife and family, but she aalwis hed time for Jesus. On eez forst visit she'd been off hor chuck, and he'd myed hor bettor.

Wey, if Jesus thowt he wez in for a rest, he thowt wrang. Nee syeunor hed he arrived than the news spread, and afore he cud sit hissel doon the hoose wez filled, and folk wor spillin ower intiv the street. Ivvorybody wez argyin and jostlin and pushin – warse than queuin for tickets for a Cup Final.

Noo Jesus' reputation as a healor hed spread by this time and fower lads thowt the' wad bring a pal iv theor's te see him. The' put him on a stretchor and carried him te the hoose. Whaat a gliff the' got when the' arrived. The' cuddent even see Jesus nivvor mind taalk tiv him, and neebody wez ganna myek way – the' hed troubles iv thor aan.

Noo the hooses them days wor like boxes wi steps ootside leadin te the roof. The roof wez flat, myed iv clay stuffed between beams. Up the' gans and starts te dig!

Doon below in the front staalls wor the Pharisees. They aalwis hed the best seats – trust them. And whee de ye think wez sittin reet in the middle? Ye've got it – baaldy Zeke, chairman iv the bench – nee show withoot punch!

Thor wez a bit iv commotion when the dust started te cum doon from the roof. And ye shud hev hord the laugh when a greet clod cums doon an hits aad baaldy on the shiny. He wished he'd kept eez dut on. Suddenly thor's a hole and the leet streams in, and doon cums a bundle that torns oot te be a man.

Jesus wez tickled pink. He lyeuks up at the fower lads luckin doon and gives them a wink. Then he lyeuks at the lad on the floor.

It wezzent eez forst visit te Capornaum and aa hev a feelin he'd
hord iv this lad afore. He knaad whaat the aad wives wor sayin aboot
him. Eftor aal he'd been a bit iv a wild lad. He liked eez glass, hed an
eye for the lasses and spent a gud bit iv eez time in the bettin shop
at the cornor.

"Whaat de ye expect?" the nybors said. "Ye cannot live like that
and git away scot free. It's a judgment – that's whaat it is – a judgment!"

He'd hord that see monny times, he'd begun te believe it hissel.

When he lyeuked up from the floor and saaw the frozen fyesses
lyeukin doon, he began te wish he'd nivvor cum. Eftor aal, it wez a
bit iv a narve – whaativvor wad Jesus say?

"Hello son", sez Jesus. "God issent angry wi ye. Yor sins are
forgiven".

The Pharisees wor furious. "Blasphemy", the' shooted. "Blasphemy!
Whee duz he think he is, God Aalmighty?"

"Keep yor sharts on", sez Jesus. "If ye think aa cannot dee that,
whaat aboot this? Son, pick up yor stretchor and haddaway hyem".
And he did!

Ivvorybody wez staggored noo.

"It's a mazor", the' said. "We've nivvor seen nowt like this afore".

MARK 2: 1-12.

.....Noo ye mite wundor whaat aal this hez te dee wi God's Kingdom.
Aa'll tell ye! Ye see it wezzent jist the lunatic as thowt he'd been tyekin
ower by divils – ivvorybody thowt it.

Wheor us taalks aboot jorms today, they taalked aboot divils.
Thor wor divils ivvorywheor – millions iv them, and the' wor aal undor
the ordors iv aad Nick. If onnybody at aal wez ill, aad Nick wez in
control. If onnybody got bettor, aad Nick wez on the retreat. Noo ye
see whaat that means – ivvory cure wez a victory for God – a stretchin
oot iv God's Kingdom.

Noo if ye remembor, John the Baptist hed spent eez time crackin up
Jesus. He wez sure Jesus wez Messiah and wad bring God's Kingdom.

Wey Jesus sartinly taalked aboot the Kingdom, but he diddent
seem te dee nowt. Pilate wez still theor. Herod wez still theor. Annas
and his lot wor still theor. The greed and the graft wor still theor. Nowt
wez changed!

John wez in prison and he wez a bit worried so he sends a couple
iv messengors te Jesus with a lettor.

"Dear Jesus", it sez. "When ye cyem te the Jordan aa thowt ye
wor Messiah, but nowt seems te be happenin. Hev aa myed a mistake?
Yors in clink... John".

Noo Jesus wez a bit sorprised but he wezzent really annoyed.
He gives the messengors a bite te eat and then he sez, "Ye gan back
te John and tell him whaat ye've seen. The blint see; the cripples waalk;
the deaf hear; the dead cum back te life... he'll undorstand".

Wey aa hope he did cos he lost eez heed syeun eftor. But even if
he diddent Jesus myed sure the Pharisees did.

"If aa spend me time kickin oot divils", he sez. "That shows the
Kingdom iv God's heor".

MATTHEW 11: 2-6.

GROWTH OF OPPOSITION

Neighbours

Whaat with eez preachin and healin ye wad iv thowt Jesus wad iv been welcome onnywheor. He wezzent! Not by a lang chaalk! !

Aa mind the time aa left hyem te gan te college. An aad chep sez te me, "Mind the' divvent spoil ye hinny. Divvent git a big heed!" One thing's sartain -- when Jesus went back hyem the' thowt he hed a big heed.

On the varry forst Sunda he gans te Chorch. He aalwis did. He joins the hymns and prayors and when sarmon time cums the ministor sez, "Nice te see ye back, Jesus. Wad ye like te say a word?"

He duzzent say a word, he says a moothful. He opens the bible at Isaiah sixty-one, reads aboot the cummin iv Messiah, lyeuks them strite in the eye and sez, "Ye've waited for Messiah an aaful lang time – wey aa's heor!"

The' cuddent believe thor ears. The' wor shocked tiv thor toe ends. Then the' started. . . .

"Whee dus he think he is?". . . . "We've knaan him aal eez life". . . . "Eez fethor mended wor back door". . . . 'Aa wiped eez nose when he wez a bairn". . . . "He wez in the syem class as me at schyeul". . . .

"He's gittin a bit too big for eez byeuts", the' said. "He waants tyekin doon a peg and we're the lads te dee it".

Wey ye divvent blame them, de ye? Whaat wad ye hev thowt?

MARK 6: 1-6.

Bad Company

Mind whaat eez nybors thowt's nowt te whaat the Pharisees thowt. Te the nybors he wez a big heed. Te the Pharisees he wez becummin a menace – public enemy numbor one!

For one thing the' diddent like the company he kept. Aa've tell't ye aboot him hevvin a cup iv tea wi Zaccheus. Wey afore that he did the syem wi Matthew.

Noo the Pharisees diddent like that one little bit. Te them tax collectors wor warse than muck – the' waddent touch them with a barge pole; and as for hevvin a meal with them – that wez unhord of. Ye see in them days if ye hed a meal wi sumbody ye diddent just show yor friendship, ye shared eez life.

Noo Jesus did that deliberately. The Pharisees wor horrified!

"Whaat de ye think iv yor leador noo?" the' said te the disciples. "Sum prophet he is. Eatin wi tax collectors – Ugh!"

Jesus hed an answor for them. "Hev ye ivvor hord iv a doctor that diddent gan amang sick folk?" he said.

That shut them up gud and propor. The' diddent like it. The' jist had te lump it!

MARK 2: 15-17.

Fasting

Te read aboot the Pharisees ye mite think the' wor aal slimmin fanatics. Thor wez one fast day fixed for Jews ivvory yeor, but the Pharisees worn't content wi that. The' fasted twice ivvory week – Monda and Thorsda – from six in the mornin till six at neet, but it hed nowt te dee wi weight waatchin. As syeun as the clock struck six the' sat doon and hed a gud nosh.

That sent the calories up!

Noo fastin's a gud thing for body and sowl. That's why sum folk give up smoking and eatin bullets durin Lent.

The trouble wi the Pharisees is the' wor mair concarned aboot whaat uthor folk thowt than wi the gud it mite dee. The' waanted ivvorybody te knaa, so folk wad say, "My issent he gud? Hessent he got a strang will?" In fact sum iv them put white pooder on thor fyesses so folk wad tyek notice.

Noo thor wez nowt like that aboot Jesus and his lads, so the Pharisees said, "If yor as gud as ye think ye are, why divvent yor disciples fast like us?"

Jesus giv them short shrift, "Hev ye ivvor hord iv onnybody gannin tiv a weddin and eatin nowt?" he sez.

Ye see Jesus nivvor cud stand the kind iv religious folk that are nivvor happy unless thor miserable. He waanted ivvorybody te be happy and cyem te mek them happy.

He went te parties and taalked aboot parties. "Aa's the bridegroom", he used te say. "And as lang as aa'm heor me lads'll enjoy thorsells".

MARK 2: 18-22.

Sabbath

The thing that really browt mattors tiv a heed wez Sabbath Obsorvance. The Pharisees tyeuk the Ten Commandments seriously, speshully the one aboot keepin the Sabbath Day holy. Noo "holy" meant "diffrent" and "diffrent" meant "nee work", and "nee work" meant mair than not diggin yor garden on Sunda or readin a Sunda pyeppor. It meant whaat it said – "nee work!" Taalk aboot reed tape thor wor thoosands iv rules tellin ye whaat wez "work" and whaat wezzent. Ye needed a heed like a cyclopedia te remember, and if ye forgot ye wor in real trouble cos Sabbath breaking wez a capital offence. Nee kiddin'. The' cud hang ye for it! Aal ye got wez one clear warnin and then ye wor for it.

Noo one Sunda eftor Chorch Jesus and eez marras went for a waalk. It must hev been a lang sarmon cos the' wor feelin a bit hungry. As the' waalked through a corn field the lads lopped off sum ears iv corn, rubbed them in thor hands and eat them.

"Jist lyeuk at that", said the Pharisees. "Reapin and threshin on a Sunda. Thor brekkin the laaw. Tell them te stop!"

Jesus giv them a withorin lyeuk. "Why shud aa?" he sez. "Ye think a lot iv David, divvent ye?"

"Neebody bettor", the' said.

"Wey the bible sez that one Sunda when him and eez lads wor hungry, the' went intiv Chorch, pinched the bread from the Holy Communion and ate that. If that wezzent brekkin the laaw aa divvent knaa whaat wez. Noo ye divvent blame him, so why blame me? Sunda wez meant te be a blessin te folk, not a borden. And remember this – men are aalwis mair important than rules".

Noo Jesus wez reet but the' diddent want te knaa. He'd been

17

warned once. That meant that if he wez ivvor kopt deliberately brekkin the Sabbath agyen, he cud swing for it – and he knew it!

If aa'd been in his shoes aa wad hev gyen canny – but not Jesus.

Next Sunda he gans te Chorch agyen – he nivvor missed! Sittin in the congregation wez a fella with a withored hand. He heddent cum te be healed but Jesus spotted him. The Pharisees did as weel – mebbies the'd planted him theor. Jesus knaad the' wor waatchin for jist one mair slip, so he sez te the fella, "Stand up! Let ivvorybody see ye!" He stands up.

"Noo", sez Jesus "aa waant te axe ye a queshtun. 'Whaat's the reet thing te dee on a Sunda – gud or bad?' "

The' Pharisees said nowt. He hed them in a cleft stick.

"Aalreet", sez Jesus. "If that's too hard, aa'll axe ye anuthor. On Sunda is it bettor te think aboot savin a fella, or killin him?"

That shuck them. The ownly folk wi mordor in thor hearts that Sunda wez thorsells and the knaad it – and noo the' knew he knaad it as weel.

The' squormed in thor seats and said nowt, so Jesus sez te the fella, "Put yor hand oot!" and he did – and he wez cured.

That did it! The Pharisees diddent wait for the collection, the' bundled oot iv the Chorch rubbin thor hands and lickin thor lips. This wez jist whaat the' waanted.

He'd been warned once – ivvorybody knaad that. He'd dyeun it agyen. He'd shot eez bolt this time, and jist te mek doubly sure the' ganged up wi Herod's crood. Neebody knaad mair aboot killin than Herod. He'd myed short work iv John the Baptist alriddy.

Mark 2: 23- 3: 6.

TURNING POINT

Ivvorybody wez taalkin aboot Jesus by this time. The' cud like him or loathe him, but the' cuddent ignore him. The pressures hed built up see much that he foond hissel aalmost squeezed oot iv Palestine, reet up in the North at Caesarea Philippi. This wez the tornin point iv eez life.

"Noo lads", he sez tiv eez disciples. "Thor's been an aaful lot iv taalk gannin on ahint me back, so aa waant ye te level with 'is – whee de folk think aa really is?"

Wey whaat wad ye say if sumbody axed ye a queshtun like that? Wad ye tell the truth, the whole truth and nowt but the truth? Wad ye tell him sum thowt he wez a divil and uthors thowt he wez a fake?– Not likely!

The' thowt iv aal the nice things folk wor sayin. . . .

"Sum think yor John the Baptist back from the deed – aa bet that puts the wind up Herod. Sum think yor Elijah, Jeremiah or a prophet like that. . . ."

The' wor scrattin thor heeds tryin te think iv summit else te say when Jesus kops them off thor guard. That's the way te find oot the real truth – kop them sudden – like stoppin sumbody's hiccup.

"Nivvor mind them", sez Jesus. "Whaat aboot ye? Whaat de ye think?"

Aa'll giv ye one guess whee it wez blorted oot the answor. Aye, ye've got it – Simon Peter. For once he opened eez gob and diddent put eez fut in it.

"We knaa whee ye are", he sez. "Yor Messiah, the Son iv God Hissel".

Ee... ye shud iv seen Jesus' fyess. The tears started tiv eez eyes – tears iv relief and happiness.

He felt a greet lump in eez throat but he swallies and sez, "God bless ye, Simon. God bless ye. God's spoken te ye this day!"

When aa forst met wor lass yeors ago aa thowt she wez porfect and, believe it or not, she thowt the syem aboot me. We syeun changed wor minds. Aa foond she hed a bit iv a paddy, and she foond aa wez as stubborn as a cuddy.

That's hoo life gans, ye knaa. Ye hev te live wi folk te knaa them, and the bettor ye knaa them the mair faalts ye find. That's true iv ivvorybody – wi one excepshun – Jesus!

The langor Peter spent with him the mair iv God he saaw, and when the queshtun wez axed, "Whaat aboot ye, whaat de ye think?"he jist hed te bring God intiv it . . . "Yor Messiah, the Son iv God Hissel".

He left eez boat te follow a man; he finished up in touch wi God. It meks ye think, duzzent it?

Wey as aa say, this wez the tornin point – D Day!

"Aboot torn; quick march, lads", Jesus sez tiv eez disciples, and off the' gan te Jerusalem.

It wez a lang dangerous waalk – ower a hundred miles, reet intiv the camp iv eez enemies. But one thing ye can say aboot Jesus – he wez nivvor short iv pluck!

MARK 8: 27-30.

JERUSALEM

Palm Sunday

We hev aal kinds iv Chorch Anniversaries these days, but nowt te compare wi the Jews' Passover. Ivvory yeor the' celebrate thor deliverance from slavory in Egypt. Noo ye've read iv the thoosands of kids that git togithor for Pop Festivals and aboot the distorbances that sumtimes tyek place. Wey compared wi Passover croods, Pop croods are like Sunda Schyeul picnics. Two te three million people cyem te Jerusalem ivvory yeor. Sum foond digs in the city but most camped ootside, and if the' got thor eye on the occupyin Roman sowljors – owt cud happen. It wez like sittin on a pooder keg and aa need hardly say thor wor aalwis sum in the crood riddy te mek trouble.

Noo it wez at this time Jesus decided te gan intiv Jersusalem. He borrows a donkey from a nearby village and jumps on its back – "Gee up", he sez, and off the' gan.

Noo ye mite laugh at the thowt iv a greet big fella sittin on a little donkey, but the Jews diddent. Ye see, they knaad thor bible – speshully the bits taalkin aboot Messiah.

"Rejoice greatly O dowter iv Zion. Shoot dowter iv Jerusalem. Behold yor King cums te ye. . . ridin on a donkey".

19

If Jesus hed gyen intiv Jerusalem with a lood speakor van in front iv him shootin "Vote for Jesus!" he cuddent iv been mair bare fyessed in eez claim te be Messiah.

The croods went wild. The' cut doon branches from the palm trees, waved them like flags and chucked them on tiv the road. The' even tyeuk thor sharts off and hoyed them on tiv the road. It wez a king's welcum!

"God save the King!" the' shooted. "God save the King! Three cheers for Messiah! Three cheers for the Kingdom! God save the King!"

The Pharisees wor livid. "Tell them te shut up!" the' said.

"Whaat's the point?" sez Jesus. "If they shut up the stones'll start shootin".

Ee whaat a day that wez. If Caesarea Philippi wez the start iv D Day, this wez the invasion. Thor cud be nee tornin back noo. The fight wez on – a fight te the finish!

Jesus diddent stay lang in Jerusalem that day. He wez feelin a bit tired, so he jist tyeks a quick lyeuk roond and gans back tiv eez digs in Bethany. He wez riddy for an orly neet.

MARK 11: 1-11.

Temple Cleansing

Eftor a gud neet's sleep Jesus wez up bright and orly next mornin and back he gans te the Temple. Noo the Temple wez a greet big Chorch standin in a Chorchyard.

Even forrinors cud gan intiv the Chorchyard. For that reason it wez caaled the Court iv the Gentiles, but nailed on the door iv the Chorch itsell wez a notice, "Nee forrinors admitted. Trespassors will be porsecuted". Whaat a way te run a Chorch!

Noo the Chorchyard wez supposed te be a quiet place wheor folk cud sit and think and pray – but it wez nowt like that. Far from it! !

The High priest and his gang hed torned it intiv a reglar paddy's market. Thor wor staalls ivvorywheor.

Thor wor staalls for munny-changors. Ye cuddent dodge the collection plate in the Temple – ivvorybody hed te put summit in, and ordinary munny waddent dee. It hed te be speshul Temple munny. The poor folk hed te change thor munny at the staalls, and the' wor myed te pay through the nose – aa can tell ye!

Thor wor staalls for sellin pigeons. Pigeons wor whaat poor folk offored for sacrifice. The' cuddent afford lambs or calves. Ye cud buy pigeons cheap ootside the Temple, but for sacrificin the' hed te be porfect. That meant if ye did buy ootside the Temple inspector wad be sure te find sum faalt with it and ye wad hev te buy agyen. The' charged twice as much inside, and it waddent sorprise me if the' sell't homin pigeons te be sure the' got thor aan back!

Noo if thor's one thing Jesus cannot stand it's graft and hypocrisy and when he saaw the poor folk being fleeced te line the pockets iv the High Priest and his cronies he exploded. He cowps the tyebles iv the munny-changors ower and kicks the crackets from undor the pigeon sellors. Thor wor pigeons flutterin aboot ivvorywheor, coins rollin in the guttors and poor folk scramblin te see whaat the' cud pick up.

"The Bible sez the Chorch is a place for ivvorbody te pray in", shoots Jesus. "Ye've torned it intiv a robbers den!"

By, diddent they scattor! The' went strite te the High Priest and tell't him whaat hed happened. He varnigh swallied eez faalse teeth wi rage. Caallin him nyems wez one thing but noo Jesus wez touchin eez pocket. He'd gyen too far this time! Once and for aal he'd got te be stopped and thor wez jist one way te dee that. The ownly snag wez the crood. Let onnybody lay hands on Jesus noo and the crood wad iv lynched him. Annas wad hev te bide eez time.

MARK 11: 15-18.

Judas Iscariot

Aa've tell't ye afore aboot Judas Iscariot. He wez the one disciple that diddent cum from the North and for that reason he felt left oot iv things. Mind it issent easy bein the odd man oot, and that shows he must hev been extra keen, uthorwise he wad nivvor hev joined.

Jesus tried te encourage him and myed him treasuror, but he still diddent feel he belanged. If owt speshul hed to be decided Jesus torned te Peter, James and John – not te Judas. Despite the fact he felt eez nose pushed oot he still kept on. He wez still sure Jesus wez the Messiah that wad kick the Romans oot and set up God's Kingdom wi heedquaartors in Jerusalem. Nee doot he hed eez eye on the post iv Chancellor iv the Exchequor in the new Guvvinment.

Thor wez jist one trouble – Jesus still taalked and taalked and did nowt. It wezzent that he hed nee chances. He hed them aalreet but diddent seem able te tyek them. Thor wez a time when the crood waanted te mek him King, but he left them flat. He hed a terrific welcum te Jerusalem, but jist waalked oot agyen. He put up a marvellous show in the Temple, but did nee mair aboot it. And te croon aal, far from taalkin aboot winnin, he taalked mair and mair aboot deein.

Wey a keen fella like Judas can jist stand see much, and finally he decides te pack it in. He'd hed enyeugh. He wez finished wi Jesus and the whole lot iv them.

One neet he myed eez way te the High Priest's palace te see aad Annas and Caiaphas. The' happened te be hevvin a Cooncil Meetin at the time and ye can guess whaat aboot – Jesus!

"Taalk iv the divil", sez Caiaphas. "Bring him in".

Judas went in aal sheepish like. Caiaphas wez a crafty aad bord. He cud see thor wez summit wrang so he starts buttorin him up.

"Noo my gud man", he sez. "Whaat can we dee te help ye?"

"Nowt yor worship", sez Judas. "But aa can dee summit te help ye. Ye see aa knaa the places Jesus gans tee, and aa can drop ye a tip wheor ye can find him wi nee croods aboot".

Whaat a torn up for the byeuk! The' wor ower the moon!

"Thenk ye, Judas", sez Caiaphas with an oily smile. "We knaa it hessent been easy for ye, but yor an honest man and ye've dyeun the reet thing. Tyek this as a little appreciation".

He handed him a bag. In it wor thorty silvor coins – the price iv a slave!

Aa feel a bit sorry for Judas. Sum folk think he wez jist greedy but he cud hev myed a lot mair munny if he'd waanted te bargain. Sum think he wez jist jealous cos eez nose hed been pushed oot, but that wez nowt new.

Aa think he jist felt badly let doon, and eftor months iv hopin and hopin he decided te bring the farce tiv a close – and mebbies, jist mebbies at the back iv eez mind thor wez still a feelin that if he pushed Jesus in at the deep end he wad hev te de summit... mebbies... poor Judas!

MARK 14: 10-11.

THE PASSOVER

Preparation

Judas tell't Caiaphas he knaad the movements iv Jesus in advance, but Jesus diddled him ower the supper arrangements. The Passover wez a bit like a Chepal Annivorsary – it aalwis hed a supper attached tiv it.

Noo te hev supper in Jerusalem, Jesus hed te borrow a room. He knaad the aad priests wor eftor eez blood and whaat bettor place te tyek him by sorprise than at supper. Thor wad be nee croods aboot then and it wad be dark. Jesus badly waanted te hev supper in Jerusalem with eez pals so he meks a secret arrangement and keeps it undor eez hat. Even Peter, James and John diddent knaa wheor it wez, let alown Judas.

On the day iv the supper the disciples axed Jesus whaat plans he'd myed. Mebbies he'd decided not te gan intiv Jerusalem eftor aal. He torns te Peter and John and sez, "Gan intiv the toon and at the gate ye'll see a chep carryin a waaterpot. Follow him and he'll tyek ye te the hoose".

Noo ye mite think them directions wor as clear as clarts, but ye wad be wrang. Carryin a waaterpot in them days wez a lass's job and if a lad did it he stud oot like a sore thumb. It wez varnigh as bad as waalkin doon the road with a lass's hat on.

Wey the' dee as thor tell't and strite away the' see this bloke wi the waaterpot. He gives them a wink, sez nowt, waalks away and the' foller him. He torns doon a back alley, up sum steps, intiv a hoose and theor the' find a room set oot riddy. The tyebles wor laid. The cooches arranged. Thor wor little bowls iv flooers and in the corner a greet big waaterpot, a shinin copper byesin and sum toowels. In them days when visitors arrived a sarvint weshed the dust from thor feet afore the' settled doon for the evenin.

The disciples set oot the wine and food and reported back te Jesus. Lator that day the' myed thor way one by one te the hoose so as not tiv attract attention – forst the disciples, then Jesus.

MARK 14: 12-16.

Feet Washing

As the' went in the' tyeuk thor sandals off afore sittin doon. The' lyeuked roond but thor wez neebody te wesh thor feet: the' wad jist hev te stay mucky!

The' went te the tyeble and strite away started te argy aboot whee wez gannin te sit wheor. Ye see the nearor ye sat te the heed iv the tyeble the mair important ye wor.

Jesus sez nowt. He jist gits up, waalks ower te the cornor, poors sum waator intiv the copper byesin, gits doon on eez knees and starts te wesh thor feet. . . Andrew, Matthew, James, Thomas. . . Peter!

"If ye think aa's gannin te let ye wesh maa feet, ye hev anuthor think cummin", sez Peter.

"Peter", sez Jesus. "Aa eithor wesh yor feet, or aa disown ye. Tyek yor pick".

"God forbid", sez Peter. "Wesh me feet. . . Wesh me hands. . . . . Wesh me heed! !"

Jesus cums te Judas. . . poor Judas. . . the touch iv them hands on them feet! It wez like 'lectricity throo eez body. He said nowt. . . poor Judas!

Jesus gits up, puts the byesin and toowel away and sits doon at the tyeble. The' wor quiet noo. . . ashamed.

"Let that be a lesson te ye", sez Jesus. "In future aalwis treat each uthor in the syem way".

JOHN 13: 1-15.

Last Supper

Jesus said grace and the' starts thor meal. The' wor still quiet. That's not sorprisin seein whaat hed jist happened, but thor wez mair tiv it than that. Thor wez the kind iv feelin ye git that summit's wrang even when ye canna put yor fingor on it.

Jesus broke the silence. "Lads", he sez. "Aa've got sum sad news for ye. Thor's a traitor heor. Afore the neet's oot aa'll be betrayed".

The' wor thundor struck!

"Haddaway", sez Peter. "Yor imaginin things. Whee wad dee a thing like that? Aa waddent".

"Nor me", sez John.

"Wey aa waddent", sez Andrew.

"Ye canna think it's me!" sez Judas.

"Issent it?" sez Jesus. "Wey aa'll tell ye this. It's sumbody sittin at this tyeble".

Then Jesus does summit that's nivvor been forgotten.

23

He tyeks sum breed in eez hands, breks it in pieces and givs each iv eez disciples a bit.

"Eat this", he sez. "As this breed's brocken, so my body's brocken for ye". (It wez ownly lator the' remembored that afore grain can be torned intiv breed, it hez te dee in the groond.)

Then he tyeks wine – reed as blood – and sez, "This is me spilt blood, drink it". (It wez ownly lator the' remembored that blood represents life, and by drinkin the' wor meant te share eez life.)

Judas cud stand nee mair. He mumbles sum excuse, slips eez sandals on and meks for the door. The door opens and closes – Judas is gyen.

The'd finished supper noo so the' sang a Psalm togithor, and followed Judas intiv the street. Thor wez a full moon but sumhoo it seemed aaful dark that neet.

MARK 14: 22-26.

ARREST

If yor not keen on gardenin Jerusalem in the time iv Jesus wez the place for ye. Thor wor nee gardens in Jerusalem. For one thing it wez a built up area and for anuthor it wez holy groond and manure wad pollute it.

If ye badly waanted a garden ye went ootside iv the city, and if ye wor lucky ye got a lock-up orchard affair on the Moont iv Olives. Noo the bloke that owned the hoose wheor Jesus hed eez supper hed a garden. He used te tyek eez family te sit theor in the cool iv the evenin and he let Jesus hev the key. Jesus diddent need a guide te tyek him theor eftor supper cos he'd been theor afore – mair than once – and Judas hed been with him.

The' myed thor way oot iv the city, ower the brook and up the slope intiv the garden. Thor wezzent a word spoken as the' went. The disciples cud see Jesus wez troubled and the' worn't a bit sorprised when he sez, "Aa want te be on me aan for a bit. Ye keep a lyeuk-oot heor – aa'll gan ower theor and pray".

Aa wundor if ye've ivvor hed te sit up aal neet in a sick room with a neet leet glimmorin and ivvorythin quiet except the tick-tock, tick-tock iv the clock – ye cannot help noddin off. The disciples wor like that in the garden. Whaat wi the excitement iv the past few days, the lateness iv the hoor, the wind in the trees and the gorgle of the brook – the' cuddent keep thor heeds up. Three times Jesus cyem and foond them flat oot, but be diddent really blame them.

Jesus felt bettor eftor eez prayors – calm and riddy for owt! Lyeukin across the valley he cud see a little procession iv leets. The' cyem nearor. The' wor mekkin for the garden. He cud heor voices noo and the clank iv steel, and he cud see moonleet glittorin on the helmets and speors iv sowljors.

"Time te git up", he sez tiv eez disciples. "Thor heor!"

The' wekkened up like kids in the middle iv a neetmare. Thor wor sowljors and sarvants and scuffles ivvorywheor.

Judas hed given the sowljors a sign. "The man aa kiss", he sez, "is Jesus. Tyek him and howld him".

He waanted nee mistyek to be myed or Jesus tiv escape in the dark.

He waalks up te Jesus. "Hello, master", he sez, and kisses him. A kiss wez a sign iv friendship in them days, like the shake iv the hand noo.

"Oh, it's ye Judas! A fine friend ye've torned oot te be", sez Jesus.

The sowljors grabbed him. The disciples panicked. Peter started te lay aboot with a sword. "Put that away", sez Jesus. "Ye'll cut yorsel".

Then Jesus torns te Judas and the mob. "A brave lot ye are", he sez. "Since when did it need an army te tyek one man? Aa's a preachor, not a bandit. Why diddent ye tyek 'is in chorch in dayleet insteed iv cummin aal this way in the dark? Onnyway ye've got whaat ye cyem for, so ye may as weel let these lads gan".

The' did, and ye cuddent see them for dust!

The' tied Jesus' wrists togithor wi rope and led him away.

MARK 14: 32-50.

TRIAL

Before the Council

The' tyeuk Jesus forst te Annas. He wez still caaled High Priest aalthough he'd been pensioned off lang ago. He wez a crafty aad bord wi eyes like a cod fish. Eez son-in-laaw Caiaphas wez the propor High Priest, but Annas still pulled the strings ahint the scenes. He axed Jesus sum queshtons but got nee change oot if him, so he passed him on te the Supreme Cooncil wi Caiaphas in the chair.

Noo aalthough the Romans wor in charge, the' giv the Jews a gud bit iv self guvvinment. Jist one thing the' cuddent dee – carry oot a deeth sentence withoot Pilate's pormission. Pilate wez the Roman guvnor.

Noo aalthough the High Priest waanted te git rid iv Jesus, he diddent waant him te be jist a Roman victim – that cud myek him a martyr. Caiaphas waanted te be sure the Jews saaw him as a heretic as weel!

Jesus stud in front iv the Cooncil

"Tell 'is aboot yor teachin", sez Caiaphas, nee doot hopin that if he giv Jesus enyeugh rope he wad hang hissel.

"Why axe whaat ye knaa aalriddy?" sez Jesus. "Ivvorybody knaas whaat aa teach. Aa thowt that wez why aa'd been browt heor".

Aad Caiaphas hed te think agyen.

"Aa's glad ye admit that", he sez. "Yor guilty iv heresy and we hev witnesses heor te prove it. Caal the witnesses!"

The' did. The trouble wez the' cuddent agree. Ivvorythin hed happened see quickly thor wez nee time te rehorse them and check thor stories.

Caiaphas wez beginnin te feel a reet Charlie!

"Hev ye nowt te say for yorsel?" he shoots.

Jesus jist stands and sez nowt. Noo whaat chance de ye hev when thor's nee evidence and the prisonor winnet speak?

Caiaphas explodes. . . "For God's sake speak!" he sez. "Tell us the truth. Are ye God's Son the Messiah or not?"

"Hev it yor aan way", sez Jesus.

Caiaphas varnigh shot throo' the roof. He tore eez shart te show hoo disgusted he wez, but in fact he'd nivvor been see relieved and thankful in aal eez life.

"Blasphemy", he shoots. "Blasphemy!"

He torns te the Cooncil. "Forget the witnesses", he sez. "Ye've hord it from eez aan lips. Whaat de ye say – Guilty or Not Guilty?"

"Guilty!" the' said. "Guilty!" The sentence iv deeth wez pronoonced.

MARK 14: 53-64.

Before Pilate

By this time it wez torned six in the morning so the' hurried him off te Pilate. Pilate hed been guvnor for aboot six yeors. He had nee luv for the Jews. He thowt the' wor a lot iv religious maniacs, and when the' pulled him oot iv bed afore seven o'clock it diddent help mattors neithor. Mind the Jews hed nee caause te like him. The' waddent forget the time he paraded Caesor's image as a god throo' the streets iv the holy city. Ay, and the' remembered times when he'd read the riot act and sent eez sowljors in wi draawn swords.

In normal times Pilate avoided Jerusalem like the plague and lived doon at the coast. But at times like the Passover when thor wor two or three million excited Jews aroond the capital, he moved intiv the city. Far bettor keep eez beady eyes on them till the excitement died doon, cos owt cud happen.

The Jewish leaders marched Jesus te the palace, collectin a crood as the' went. Pilate cyem oot rubbin eez eyes and sat doon on the judgement seat.

Noo the Jews thowt Pilate wad be see anxious te git back te bed that he waddent bothor much. The' syeun foond different!

"Read the charge", he sez.

That wez a bit aawkward. The' waanted a deeth sentence but aal the time the' knew Pilate hed nee sympathy wi religious mattors, so the' start te hedge. . . . "If he wezzent guilty iv a serious crime we waddent hev bothored ye", the' said.

"Then why hev ye bothored 'is?" sez Pilate. "Can ye manage nowt yorsels?"

"Oh aye', the' said. "But we canna execute him withoot yor say-so." Sly divils! Pilate knaad aal the time thor wez summit up thor sleeve.

"Aa axed ye te read the charge", he sez.

The' cud see the mood he wez in. Blasphemy wad cut nee ice with him – so the' changed it.

"Wey if ye must knaa", the' said. "He's a political agitator. He caals hissel a king and tells folk thor's nee need te pay taxes te Caesor".

Noo that wez serious but Pilate diddent trust them. He tyeuk Jesus on one side for a quiet word. Ye cud varnigh see Caiaphas' lugs stretchin te heor whaat the' wor sayin.

"The' say ye caal yorsel a king", sez Pilate. "Are ye a king?"

"Not in the way ye mean", sez Jesus. "Aa's king iv Truth, if that means owt te ye". . . . It diddent.

Pilate torns te the crood. . . . "Not guilty", he sez.

The' wor hoppin mad: speshully the leadors.

"But he's a trouble myekor", the' said. "He's caaused trouble aal the way from Galilee te heor".

Pilate wez a shrewd beggor. He nivvor missed a trick.

"Galilee did ye say? Wey in that case he's Herod's pigeon. Tyek him te Herod: let him dee the judgin". Herod wez in Jerusalem for the Passover.

Off the' gans te Herod, but Jesus heddent caaled Herod a sly aad fox for nowt. He sends them back te Pilate with a lettor. . . .

"Dear Pont", it sez. "Thenk ye for yor kind thowt, but aa waddent dream iv robbin ye iv the privilige. . . Herod".

Pilate tries agyen. "Lyeuk", he sez. "Ye say this fella's commited a capital offence. Aa've foond him 'Not guilty' and seeminly Herod feels the syem. Aa'll tell ye whaat aa will dee. Aa'll hev him flogged te teach him a lesson, and we'll forgit aboot the whole business".

That did it. If Pilate wez riddy te flog an innocent man he must be weakenin, so the' stepped up the pressure. Thor wez jist one vordict for them – "Guilty".

Pilate still hed an ace up eez sleeve. In gaol thor wez a blood-thorsty scoondrel caaled Barabbas. He wez a rabble-roosor and a mordoror – as guilty as Aad Nick hissel!

Noo ivvory Passover a prisoner wez set free. He wad offor them the choice – Jesus or Barabbas. Thor wez nee doot in his mind aboot which the' wad choose.

The' trumped eez ace! "Which will ye hev?" he sez. "Jesus or Barabbas?"

"Barabbas!" the' shooted "Barabbas! We waant Barabbas! !"

"Whaat aboot Jesus?"

"Stick him on a cross. Crucify him!"

"But why. . . .?"

"Crucify him!"

Pilate handed Jesus ower te the sowljors for floggin. The' varnigh cut eez back te ribbons. The' crushed thorns on eez heed for a croon, put a stick in eez hand for a sceptre and chucked an aad scarlet cloke ower him. The' spat on him and scoffed at him.

"Yor majesty!" the' said. "Yor majesty!" Then the' browt him oot agyen afore the crood.

For a minute ivvorythin went deed quiet.

"Lyeuk at him", sez Pilate. "The Empire shaker; the King. . . aa'll let him gan".

The' wor wild. "Let him gan and we'll report ye. Onnybody claimin te be a king's an enemy iv Caesor!"

That did it. Anuthor complaint te Rome noo and he wez finished. . . it waddent be the forst! Pilate wez beat and he knaad it, but he cuddent resist a final fling. . . . "Shall aa crucify yor King?" he sneered.

"We hev nee king but Caesor!" the' shooted. Bloomin hypocrites!

Wey that's hoo it happened. Barabbas wez set free and Jesus wez
handed ower te the sowljors te be crucified.

JOHN 18: 28 – 19: 26.

GOOD FRIDAY

The place iv execution wez ootside the city. It wez caaled 'Golgotha' –
skull hill. Noo crucifixion wez a dorty business; the worst kind iv
deeth onnybody cud think of. The Romans kept it speshully for slaves
or criminals iv the worst type. For the Jews it wez a sure sign iv God's
corse. If the' waanted finally te git rid iv Jesus, believe me the' cuddent
iv chowsen a bettor way.

When the' got te Golgotha the' put the cross flat on the groond,
laid Jesus on it, hammored nails throo' eez hands and feet, raised it
up and dropped it intiv its socket. Pilate cuddent resist a dig at the
Jews even at the end. He clagged a notice on the cross abuv Jesus'
heed – "The King iv the Jews", it said. And he giv the "king" a "guard
iv honor" – a crucified bandit on eithor side. He hated the Jewish
leadors even mair noo for whaat the'd myed him dee.

Thor wor croods aal roond – gloatin, scoffin, cryin.

Jesus lyeuked doon from the cross. "Divvent blame them, Fethor",
he sez. "The' jist divvent undorstand".

It's a mazor hoo even decent folk becum crool when ye put them
in a crood. Sumbody once said men are thinly varnished savages at the
best iv times. Aa think he wez reet!

"Lyeuk at Messiah", the' shooted. "Sum Messiah. He cannot
even save hissel!"

"Hello, Son iv God! Wheor's yor Fethor noo, hez He forgotten
aboot ye?"

"Yor majesty! Yor majesty! Hev a drink yor majesty!"

"Aa thowt ye wor Messiah", shoots one iv the bandits. "If ye
are noo's the time te show it, and git wu aal oot iv this mess".

"Shut yor big gob", shoots the uthor bandit. "If ye'd kept it shut
in the forst place we waddent be heor noo".

Jesus wez quiet for a while; then suddenly he cries oot like a
bairn in the dark, "God, God, divvent leave 'is by mesell".

The sowljors played pitch and toss te pass the time. . . . The cat-
caals deed away.

It wez quiet noo. . . . "Aa's thorsty", sez Jesus and a kindly sowl
soaks a sponge and howlds it up tiv him.

He gans quiet agyen. Not the quiet iv deeth eftor a battle, but the
quiet that gathors strength afore the final attack.

Suddenly eez voice pierces the air like a war cry – "Victory!"
he shoots. Eez heed drops on eez chist. The strain drains from eez
fyess. . . he's tired. . . see tired. . . .

Aa've hord it said that when the end's nigh the yeors faall away
and even childhood prayers cum back. . . .

"Noo a lay me doon te sleep,
Aa pray the Lord me sowl te keep.
If aa shud dee afore aa wake
Aa pray the Lord me sowl te take".

29

The end wez nigh.... He'd aalriddy noticed eez muthor beside the cross.... "Lyeuk eftor hor, John", he said.

She wez still theor.... He wez sleepy.... His muthor.... prayers....

"Fethor, tyek me sowl", he sez. He wez gyen.

A kind bloke caaled Joseph iv Arimathea hed a grave booked in a cave nearby. The' tyeuk the body iv Jesus doon, put it in the cave and rowled a greet big stone ower the mooth.

LUKE 23: 26-46. JOHN 19: 17-30.

EASTER SUNDAY

Gan tiv onny cimitary and waatch the folk tidyin the graves and puttin flooers on and ye'll find this – most iv them are women. Women hev aalwis been like that so it issent sorprisin that the forst folk tiv arrive at the grave when the Jewish Sabbath wez ower wor women. It wez barely dayleet and pretty spooky but the' cuddent wait. Whaat a shock the' got – the stone wez rowled away! The' peeped in and got a biggor shock – thor wez nee body. The grave hed been robbed!

The' tyeuk te thor heels and ran back te brek the news te the disciples. "The've tyekin the body oot iv the grave", the' said. "And we divvent knaa wheor the've put it".

Peter and John wor off like a shot – or a couple iv shots!

John gits theor forst, but he canna bring hissel te gan in. Then cums Peter. Nee hesitation for him. In he gans like a bull intiv a china shop. The body iv Jesus wez gyen, but thor wez a strange thing. The grave clothes wor still theor undistorbed aalmost as if he wez still in them. The' went away, scrattin thor heeds and wundorin.

By this time Mary gits back – Mary Magdalene. Sum folk think she wez the prostitute that cyem te Simon the Pharisee's hoose. One thing's sartain – she wezzent ivvorybody's cup iv tea!

She felt shocked and helpless, but whaat cud she dee? Sit and hev a gud bubble – whaat else?

Suddenly she heors a voice, "Whaat are ye bubblin for, hinny?"

She thowt it wez a grave diggor or sumbody like that, so she sez, "Cos sumbody's tyeken Jesus' body away and aa divvent knaa wheor the've put it. De ye knaa wheor he is? Hev ye shifted him?"

"Mary!" the voice sez. She lyeuks up. She can hardly believe hor eyes. "Master!" she sez – and he wez gyen.

Up gits Mary and runs te Jerusalem. She duz it fastor this time. She breks breathless intiv the room wheor the disciples are....

"Aa've seen him", she sez. 'Aa've seen the master!" but the' worn't impressed. In hor state iv mind she cud see owt. A sensible fella's one thing: a hysterical woman's anuthor!

That syem neet the disciples wor met in the uppor room in Jerusalem – the syem one as the'd hed supper in. The' wor feelin pretty narvy – aa can tell ye. The door wez bolted and the' wor taalkin aboot the day's happenins, and wundorin whaat the future held for them.

"Gud evenin", sez a voice. The' lyeuk up. It's Jesus!

"The work iv the Kingdom hez te gan on", he sez. "God's spirit'll giv ye the strength te dee it".

One minute he wez theor; the next he wez gyen.

The' rubbed thor eyes in amazement – but thor wez nee doot aboot it. The'd aal seen him and hord him – except one – Thomas. He wez oot at the time.

Rat-tat-tat! Thor wez a knock on the door. The' peeped throo a spy hole te myek sure, pulled back the bolt and in cyem Thomas.

"Ye've missed it aal", the' said.

"Missed whaat?" sez Thomas.

"Ye've missed Jesus. He's been heor. We've seen him".

"Pull the uthor leg", sez Thomas. "If this is yor idea iv a joke aa divvent think much of it".

"But we hev", sez Peter. "We hev! Ye've got te believe wu!"

"Seein's believin", sez Thomas. "Show 'is wheor he is noo; aa'll believe ye".

A whole week passes and thor's nee sign iv him. Cud the' possibly hev been mistyeken? The lyeuk in Thomas' eye shows whaat he thinks.

Sunda evenin cums agyen. Thor aaltogithor in the syem room – includin Thomas.

"Gud evenin, lads!" It's Jesus!

He torns te Thomas. "Seein's believin, Thomas? Tyek a gud lyeuk. Noo's yor chance. Touch if ye like!"

Thomas wez staggored. "Hoo did ye knaa aa said that?" he sez. "Ye wornt heor when aa said it".

"Wezzent aa, Thomas? Ye believe aa's heor cos ye can see wi yor aan eyes. The really happy folk are them that believe even when the' cannot see".

Thomas faalls on eez knees. . . . "My Lord and my God", he sez.

Thor are lots iv uthor stories in the gospels but ye can read them for yorsel.

Mebbies like Thomas that saaw and millions that hev nivvor seen – ye'll cum te believe. Aa hope ye will.

JOHN 20: 1-29.

EPILOGUE

An epilogue's summat added on. Byeuks hev epilogues te explain aal that's gyen afore. John the Apostle wez different. He wrote his epilogue at the beginnin.

If he'd been writin today he mite iv put it like this. . . .

"Penny for yor thowts! Sumtimes thor not worth a penny, but God's Thowt's not like that. God's Thowt's worth mair than aal the munny in aal the banks in aal the world.

God's Thowt's aalwis been locked up in eez heed. Ye can nee mair separate God from eez Thowt than ye can separate heat from fire or waator from rain.

When ivvorthin wez myed it wez cos God Thowt it. Nowt ivvor happened withoot Him.

God's Thowt's like telypathy. Withoot writin owt doon it gits intiv the heeds iv uthor people. It's like the switchin iv a light in a dark room, and ivvorybody needs light cos ye canna hev life withoot it. That's whaat heppened tiv a bloke caaled John. He tell't uthor people aboot it, but the' diddent waant te knaa.

"Actions speak looder than words", sez God, so He clothed eez Thowt in human flesh and lived a real human life.

In that life men saaw God – God's glory; God's luv; God's truth".

JOHN 1: 1-14.

Jesus said, "Anyone who has seen me has seen the Father".

JOHN 14: 9.